क्या कहने कवि के

कुछ गीत और कुछ कविताएँ

पारस

क्रम-सूची

प्रस्तावना

नमस्कार -

सभी बंधु व् पाठक कुशल मंगल होंगे इसकी मैं आशा करता हूँ

'क्या कहने कवि के ' पुस्तक मेरी कुछ चुनिंदा कविताओ से अलंकारित पुस्तक है जिसमे मैने सभी विषयों प्रेम प्रसंग व् देश भक्ति आदि रस को संजोया है

जिसमे मेने लिखने का छोटा सा पर्यास कर शब्दों को पंक्ति में पिरोकर कविताओ से भेट कराने के बाद किताब नमक वाहन में सफ़र के लिए आप लोगो तक भेज दिया है

आशा करता हूँ आपको मेरी पुस्तक और मेरी रचनाएँ पसंद आएगी

चलियें तो शुरू करते है सफ़र -
आप - मै और मेरी कविताओ के संग

1. आज आ गई है तेरे इम्तेहान की घड़ी

आज आ गई है तेरे इम्तेहान की घड़ी

जिंदगी में गम की जीत खुशियों की हार थी

आ रहा है तेरा अंत और जिंदगी नही

चल रहे सवाल है तेरी मुश्किले है क्या

आज आ गई है तेरे इम्तेहान की घड़ी

हट रहे तेरे कदम सर झुके या तू गिरे

हसना है समाज को और हंस रहा समाज है

आज आ गई है तेरे इम्तेहान की घड़ी

बढ़ा कदम उठाके सर तू उठके चल

अंत भय का गम न कर हारना न होता अंत

जीत है तेरी भुजाओ में भुजा तू खोल देख

और चीख़ आसमान में हूँ खड़ा ले इम्तेहान

हार जितलेगा क्या उस जीत को हरा के मै

हार को हार से हार का आइना

दिखा के जीत मुठी में करके में दहाड़ दू

आज आने दो निकट इम्तेहान की घड़ी

में हूँ खड़ा मेरे समक्ष तैयार इम्तेहान को

हाँ आज आने दो निकट इम्तेहान की घड़ी।।

2. चमकौर का युद्ध

चिड़ियों से मैं बाज लड़ावा
गीदड़ों को मैं सिंह बनावा
सवा लाख से एक लड़ाऊं
तबहुँ गोविंद सिंह नाम कबहुं

पर्वत जिसके पाव पखाड़े
अंधकार भय खाता हो
जिसकी चलती कृपाण कृपा करती है
रण भूमि जय जय करती है

छोड़ के आनंद पुर साहिब जो
चमकौर गाँव मे आ बैठे है
कोई और नही वो स्वयं भूपति
भारत माँ के गोविंद बेटे है

मैं दृश्य बनाता प्रलयकारी
कथा सुनाता भयकारी
कथा रक्त वर्षा की है
चंडी रूप सिरसा की है
कथा युद्ध मे काल की
चमकौर कै महाकाल की
कथा पुत्र बलिदान की

माँ भारत के सम्मान की

युद्ध भूमि अब सज्जित हो गई
अत्याचार से लज्जित हो गई
बजीर खां के दुष्कर्मों से
भारत भूमि खंडित हो गई

भारत माता की सुन पुकार
चमक उठी पंथी कृपाण

वजीर खां के समक्ष जभी
गुरु गोविंद सिंह सी आते है
बजीर खां के जुड़ते कर
सर अपने आप झुक जाते है

एक तरफ सेना चालीस के
दस दस लाख खड़े हुए
सवा लाख से एक लड़ेगा
सिंह इसी बात पर अड़े हुए

एक तरफ घमंड प्रपंची
कांटो के जाल बिछाता है
समर भूमि अधरों से चूमकर
सिंह मन ही मन मुस्काता है

एक तरफ धरती माता को
जंजीरो ने जकड़ा है

सिंह स्वतन्त्रता पाने हेतु
हाथ हथौड़ा पकड़ा है

बाजीरखं ने हट पकड़ ली
की मेरी शान निराली है
गोविंद निकल तू छिपा कहा पर
मेरी कटक रक्त की प्यासी है

सिख चालीस दो साहिबजादे
और पिता दशमेश रहें
बाहर किले के बाजीरखां के
दस लाख कुत्ते भौंक रहे

कूद जाने को रणभूमि में
रणधीरों ने रणनीति का विस्तार किया
पांच पांच की टोली होगी
विजय समर की बोली होगी
सवा लाख से एक लड़ना
काल बनकर तांडव करना
सीने में आग लगा देना
ज्वाला को भड़का देना

पांच पांच की टोली ले
युद्धभूमि में धीर जाते थे
मुग़लों के सर पर तांडव कर
मृत्युं से भेंट कराते थे

पुत्र प्रेम का मोह नही था
पुत्रो को भी रण में भेजा

उठा अजित अपना भाल तू
जा विजयी अखंड मेरे बेटा
रण में तुझको जाना होगा
माता का कर्ज चुकाना है
सर काट देना शत्रु का
या बलिदान स्वयं हो जाना तुम
सीना चौड़ा कर लड़ते जाना
कदमो को नही हटाना तुम

पांच पांच का जत्था जाता
रणभूमि में युद्ध करने को
भय हृदय मुग़लो का खाता
युद्ध भूमि युद्ध करने को

रफ्तार प्रकाश की क्या होगी
जो तीरो की रफ्ताए थी
गोविंद से लोहा लेले कोई
क्या ही उनकी औकात थी

नही पकड़ सकते गोविंद को
गोविंद गरज गरज कर बोला
मुग़ल सल्तनत का सिंघासन
कंपित हो डगमग डोला

गोविंद तो हाथ नही आये
चमकौर समर में विजय मिली

पर फतेह सिंह और जोरावर को
बंधी कर जोर दिखाते है
नन्हे नन्हे बच्चो से ज़बरन
इस्लाम कबूल कराते है

भयदर्शन देकर कह देते
इस्लाम कबूल तो हाँ बोलो
पर वीर कभी न झुक सकते
सागर में बांध कब रुक सकते।।

3. मत और प्राण

मेरे मन मेरी सुन
मुझे छोड़ बाकी सबको चुन

जिंदगी ने मुझको मेरी जीने ना दिया
मेरे ही गमो ने मुझको पिया

रातों को घुट घुट कर रोता हूँ
इन्विसिबल अशुओं से

समझा मुझे
क्या समझू इसे

जीवन का जाल या पूरा जंजाल
मेरे अंतर्मन में मचता बबाल

हाँ छूटेंगे प्राण छाएगा काल
पूछता रहूंगा मैं फिर भी सवाल

अंत करूँगा मैं काल का
उलझन सी जीवन के जाल का

अंत करूँगा मैं प्रारंभ से

रावण का जो रिश्ता राम से
मेरा भी मुझसे है आज से

लहरों की धार
या पर्वत पहाड़

रोकने जितने भी मुझको तैयार

मैं भी खड़ा हूँ जिद पर अड़ा हूँ

न पीछे हटूंगा न पीछे हटा हूँ

नदिया है तू सागर हु में
पूरे ब्रह्मांड का गागर हूँ मै

छलिया है तू मैं पावन पवित्र
मैं ही हु इस देह का सर्वोच्य तीर्थ

तू मायावी मन मानव के संग
मानव गया होगा तेरा भी अंत

आत्मा हूँ मै परमात्मा का मार्ग
आरम्भ से ही मेरा आरम्भ न अंत।।

4. आपदा में पुकार

तीन लोक का स्वामी हो तुम
पालनकर्ता सृष्टि का
है प्रभु क्या भूल गए हो
पालन करना सृष्टि का
इस महामारी के सम्मुख फीका है
काल कुट का काला विष
है ईश्वर हम हुए पराजित
अब तुम ही उपचार करो
जो जड़ से नाश करें महामारी
ऐसे अमृत का दान करों।।

5. स्वराज आएगा

कीर्ति होगी क्रांति से
ज्वाला भड़केगी शांति
और नव युग में
नव उदय होगा
नया आगाज़ आएगा
अरि रक्त के हर कतरे से
एक स्वराज आएगा।।

6. आज स्कूल याद आता है

सभी मित्र बिछड़ जाएंगे
कभी मिलना होगा पता नहीं
मास्टर जी जो कभी
जेलर से कम नहीं लगे
जिसे जिंदगी का
सबसे बड़ा कंस समझा गया
आज उस कृष्ण की भांति दिखाई देते
जिसने कभी अर्जुन जैसे
महायोद्धा को सही मार्ग दिखाया
तिहाड़ जेल सा
नजर आने वाला वो स्कूल
आज उस राम के मंदिर की
भांति दिखाई देता है
जिसने अहंकार और
अज्ञानता का अंत किया
उसी मंदिर के भीतर हमारे मास्टर
कृष्ण और राम के अवतार
प्रतीत होते है
स्कूल के अंतिम छड़ों को महसूस कर
आज स्कूल याद आता है।।

7. वाहेगुरु

जन्म लिए आप महान गुरु है
जग को रोशन कर दिया
अज्ञानी का भरा घड़ा था
ज्ञान रस जो भर दिया
रच दिया इतिहास नया है
अंधकार को दूर किया
गुरु नानक जी नमन आपको को
गुरु ग्रंथ साहिब जो रच दिया
ज्ञान मिला नवीन संस्कृति का
जिसका पालन हम किया
जन्म लिए आप महान गुरु है
जग को रोशन कर दिया।।

8. ||महंगाई तरक्की पर||

कहते है तरक्की पाने के लिए
पीछे मुड़कर नही देखना चाहिए
अपना तो पता नही मगर
महंगाई पीछे कभी नही देखती
केवल बढ़ती जाती है
बढ़ती जाती है
बस बढ़ती जाती है।।

9. गीत - ऐ माँ तेरे चरणों में संसार झुका देंगे

ऐ माँ तेरे चरणों में संसार झुका देंगे
ओ माँ तेरे चरणों में संसार झुका देंगे
ले दीपभाल माँ तिलक लाल तेरे चरणों में भेंट करे
आन पड़े तो तुझको मस्तक काट के अपना भेंट धरे
जलती ज्वाला में माता, आहुति प्राण चढ़ा देंगे
ऐ माँ तेरे चरणों में संसार झुका देंगे
ओ माँ तेरे चरणों में संसार झुका देंगे

आंधी क्या तूफ़ान भी माता भय हमसे वो खाएगा
काल भी हमको देखके अपने काल से वो थर्रायेगा
भेंट काल को प्राण भी माता, हँसते हँसते चढ़ा देंगे
ऐ माँ तेरे चरणों में संसार झुका देंगे
ओ माँ तेरे चरणों में संसार झुका देंगे

चट्टानों से टकराने का आज लिया है प्रण माता
विश्व गगन में लहरा देंगे तेरा हम परचम माता
आज मिला है अवसर माता, तेरा क़र्ज चूका देंगे
ऐ माँ तेरे चरणों में संसार झुका देंगे
ओ माँ तेरे चरणों में संसार झुका देंगे।।

10. गीत - गुरु भजन

संत गुरु , रविदास गुरु - 2

गुरु महर्षि वाल्मीकि

गुरु गोविंद जय , गुरु नानक जय - 2

गुरु शिरोमणि रविदास जी

गुरु गोविंद जय , गुरु नानक जय - 2

गुरु गोविंद जय , गुरु नानक जय - 2

बुद्धम शरणं गच्छामि ,

संगम शरणं गच्छामि - 2

गुरु गोविंद जय , गुरु नानक जय - 2

प्रभु महावीर की जय जय जय

गुरु गोविंद जय , गुरु नानक जय - 2

गुरु गोविंद जय , गुरु नानक जय - 2

सीता राम सीता राम

सीता राम सीता राम - 2

राधे श्याम राधे श्याम

राधे श्याम राधे श्याम

गुरु गोविंद जय , गुरु नानक जय - 2

गुरु गोविंद जय , गुरु नानक जय - 2

भारत माता की जय।।

11. गीत - कर विजय की कल्पना

कर विजय की कल्पना , की देश की तू शान है।।2।।
चिर आसमा को तू , अंधकार को मिटा।।2।।
राष्ट्र भारत वर्ष का तू नव उदय का भान है।।
कर विजय की कल्पना , की देश की तू शान है।।2।।
शंख की पुकार है तू , सिंह की दहाड़ है।।2।।
शत्रु वोखलता देख राणा की कटार है।।
कर विजय की कल्पना , की देश की तू शान है।।2।।
मुगलो का काल है तू , वीर छत्रशाल है।।2।।
तान्हा की युद्ध नीति सम्भा की मिशाल है।।
कर विजय की कल्पना , की देश की तू शान है।।2।।
थाम ले विजय पताका , हौसलों को थाम ले।।2।।
मातृभूमि कर्ज तेरे कांधे पे सवार है।।
कर विजय की कल्पना , की देश की तू शान है।।2।।

12. माँ तेरे शेर पुत्र हम

माँ तेरे शेर पुत्र हम तू केसरी दहाड़ कर - 2

माँ तेरे यज्ञ के हवनकुंड की आग हम
तेरी माटी के संग होने का राग हम
धरती ये सींचेंगे रक्त तन से निकाल कर
माँ तेरे शेर पुत्र हम तू केसरी दहाड़ कर।

माँ तेरे जो गद्दार उसके है काल हम
कालो के काल माता तेरे महाकाल हम
तेरी रक्षा माँ करते प्राण अपने निकाल कर
माँ तेरे शेर पुत्र हम तू केसरी दहाड़ कर

माँ तेरे पहाड़ो में पर्वत कैलाश हम
बहती हुई नदियों में संगम का सार हम
तेरी सेवा में लगता मन झूठा संसार त्याग कर
माँ तेरे शेर पुत्र हम तू केसरी दहाड़ कर।।

13. उठा तिरंगा हाथो में

उठा तिरंगा हाथो में बॉर्डर को जान है
तेरे नन्हे हाथो को यह देश चलाना है
नन्हे नन्हे कदमो को बढ़ते ही जाना है
देख शिवा की अमर कहानी राणा की ललकार को
देखो झांसी की रानी को मर्दानी झलकार को
भगत सिंह की फांसी देखो शेखर के बलिदान को
नेता जी की सेना शक्ति मंगल की हुंकार को
देख कहानी शत्रु की होती सत्ता कंगाल को
आजादी की ज्वाला भड़के आज़ादी तलवार को
तुझको अपने कंधों पर यह भार उठाना
राष्ट्रहित की विजय ध्वजा तुझको लहराना है
नन्हे नन्हे कदमो को बढ़ते ही जाना है
तेरे नन्हे हाथो को यह देश चलना है
उठा तिरंगा हाथो में बॉर्डर को जान है
उठा तिरंगा हाथो में बॉर्डर को जान है ।।

14. गीत - कदम कदम बढ़ाता चल

माँ भारती के लाल तू
कदम कदम बढ़ाता चल ।।2।।
हाथो में उठाले हल , विरोधियों का काल बन ।।2।।
पर्वतों को लाँघ कर , तू शीश को उठाके चल ।।
माँ भारती के लाल तू , कदम कदम बढ़ाता चल ।।2।।
कृष्ण का तू चक्र धर , पाप का तू काल बन ।।2।।
धर्म की लहरा ध्वजा , अधर्मियों को मार चल ।।
माँ भारती के लाल तू , कदम कदम बढ़ाता चल ।।2।।
तू ही चन्द्र भाल है , आज रक्त लाल है ।।2।।
काल के काल का , तू ही महाकाल चल ।।
माँ भारती के लाल तू , कदम कदम बढ़ाता चल ।।2।।
सूर्य का तू तेज धर , बढ़ पवन को चीर कर ।।2।।
उठा कदम बढ़ा कदम , कदम कदम मिलाता चल ।।
माँ भारती के लाल तू , कदम कदम बढ़ाता चल ।।2।।

15. बचपन

शकला का बूम बूम शक्तिमान की शक्ति हीरो की अंगूठी
कोई लाकर हमको देदो हमे हमारा बचपन देदो

शर शर उड़ती पतंग कागज का जहाज कागज की कश्ती
कोई लाकर हमको देदो हमे हमारा बचपन देदो

चवन्नी की टॉफी अठन्नी का बादाम समोसे वाली मट्ठी
कोई लाकर हमको देदो हमे हमारा बचपन देदो

कांच की गोटी (कंचे) नाड़े की गाड़ी (लट्टू) चोर पुलिस का
खेल
कोई लाकर हमको देदो हमे हमारा बचपन देदो

बारिश में नहाना खुद ही खुद मुस्काना यारो से मस्ती
कोई लाकर हमको देदो हमे हमारा बचपन देदो

टीचर से मस्करी सुलझी सी गुत्थी स्कूल की छुट्टी
कोई लाकर हमको देदो हमे हमारा बचपन देदो

नानी की मुस्कान दादी की कहानी बचपन की जवानी
कोई लाकर हमको देदो हमे हमारा बचपन देदो।।

16. इच्छा ' कुछ भी

मन चाहता है समुंद्र सोख लूँ
नदियों का पानी पी जाऊ सारा
और आसमान में पंख फैलाकर

सहर करूँ में तारों से
पर्वत का स्थान बदल दूँ
चंद्रमा का नाम बदल दूँ

दिशा बदल दूँ सूरज की मैं
किरणों की रफ्तार बदल दूँ
मन करता हैं लिखूं कविता

शब्दो की पहचान बदल दूँ
हाथी को मैं घोड़ा लिख दूँ
शेर को लिख दूँ भीगी बिल्ली

मन चाहता वैज्ञानिक बनकर
कविता का विज्ञान बदल दूँ
मछली से मैं दौड़ कराऊं

चिड़ियों को पानी मे तैराऊं
मन चाहता मैं राजा बनकर

अपना सिक्का आप चलाऊ।।

17. कॉलेज भूल मत जाना

भूल मत जाना
अपने कॉलेज की याद
वो पहला पहला दिन
और नई नई मुलाकात

भूल मत जाना
यारो की चिकनी चुपड़ी बात
क्लास बंग करने का दिन
फिर नोट्स करना तैयार

भूल मत जाना
वो झगड़े वाली बात
चीटिंग करते हुए को पकड़ाना
फिर आपस मे ही लड़ जाना

भूल मत जाना
निगाहों का टकराना
कपल बन कर
सिंगल को चिढ़ाना

भूल मत जाना
वो मैदान की कब्बडी

बच्चो का खेल
और कॉलेज की मस्ती

भूल मत जाना
असाइनमेंट देर से बनाना
होमवर्क ना करना
और प्रोफेसर से बहाना

भूल मत जाना
कॉलेज का फेस्टिवल
एनुअल पर उपहार
और विदाई वाला फेयरवेल

भूल जाओ जमाने को भला तुम
दुख दर्दों को भूल जाना
कॉलेज की दोस्ती और कॉलेज
भूल मत जाना।।

18. कौन है

घनघोर अंधेरा है छाया
सड़के सन्नाटी चिल्लाती
कुत्तो का जोर से है गर्जन
बिल्ली मानो कुछ बतलाती
शर शर शर गाता पीपल
कुछ शांत हवा कहना चाहती
हृदय कंपित हो कांप रहा
और बदन घबराया है
लगता है कोई बुलाता है
अनजाना सा जो साया है
जो आस पास मंडराता है
आज रात ने दी है खबर
ये भूतो का साया है।।

19. तु अच्छी लगी

मैने कभी किसी निगाहों को नहीं देखा
पर तु अच्छी लगी

किसी के होठों को नहीं सुना
पर तु अच्छी लगी

किसी की जुल्फे या झुमके मेरे मन को न भाती
पर तु अच्छी लगी

मेरे हृदय में कभी कोई किसी की तस्वीर न थी
पर तु अच्छी लगी

मैने कभी किसी निगाहों को नहीं देखा
पर तु अच्छी लगी।।